II0599787

en español

HISTORIA GRÁFICA

JOHN SUTTER
★ Y LA ★
FIEBRE DEL ORO
EN CALIFORNIA

por Matt Doeden

ilustrado por Ron Frenz
y Charles Barnett III

Consultor:
John Mark Lambertson
Director y Archivador
National Frontier Trails Museum
Independence, Missouri

Capstone
press

Mankato, Minnesota

Graphic Library is published by Capstone Press,
151 Good Counsel Drive, P.O. Box 669, Mankato, Minnesota 56002.
www.capstonepress.com

1 2 3 4 5 6 11 10 09 08 07 06

Library of Congress Cataloging-in-Publication Data
Doeden, Matt.
[John Sutter and the California gold rush. Spanish]
John Sutter y la fiebre del oro en California/por Matt Doeden; ilustrado por Ron Frenz y
Charles Barnett III.
p. cm.—(Graphic library. Historia gráfica)
Includes bibliographical references and index.
ISBN–13: 978–0–7368–6612–5 (hardcover : alk. paper)
ISBN–10: 0–7368–6612–4 (hardcover : alk. paper)
ISBN–13: 978–0–7368–9680–1 (softcover pbk. : alk. paper)
ISBN–10: 0–7368–9680–5 (softcover pbk. : alk. paper)
1. California—Gold discoveries—Juvenile literature. 2. Sutter, John Augustus, 1803–1880—
Juvenile literature. I. Frenz, Ron. II. Barnett, Charles, III. III. Title. IV. Series.
F865.D6318 2007
979.4'04—dc22   2006043913

Summary: In graphic novel format, tells the story of the discovery of gold at John Sutter's mill
and how it changed California, in Spanish.

| *Art and Editorial Direction* | *Editor* |
| Jason Knudson and Blake A. Hoena | Christopher Harbo |

| *Designers* | *Translation* |
| Bob Lentz and Kate Opseth | Mayte Millares and Lexiteria.com |

Colorist
Ben Hunzeker

Nota del Editor: Los diálogos con fondo amarillo indican citas textuales de fuentes
fundamentales. Las citas textuales de dichas fuentes han sido traducidas a partir del inglés.

Direct quotations appear on the following pages:
Page 6, from *Gold Dust and Gunsmoke: Tales of Gold Rush Outlaws, Gunfighters, Lawmen,
and Vigilantes* by John Boessenecker (New York: John Wiley, 1999).
Page 27, from "The Discovery of Gold in California" by General John Sutter, *Hutchings'
California Magazine*, 1857 (http://www.sfmuseum.org/hist2/gold.html).

TABLA DE CONTENIDOS

★ CAPÍTULO 1 ★
EL ASERRADERO DE SUTTER

En enero de 1848, muy pocas personas en los Estados Unidos sabían cómo era California. Sólo algunos pequeños pueblos se veían esparcidos en la costa del pacífico, pero la mayoría del área era zona virgen.

John Sutter era propietario de tierras en la frondosa zona de Coloma Valley en California, al noreste de San Francisco. Sutter contrató a James Marshall para que supervisara la construcción de un aserradero a lo largo del Río Americano que corría por el valle.

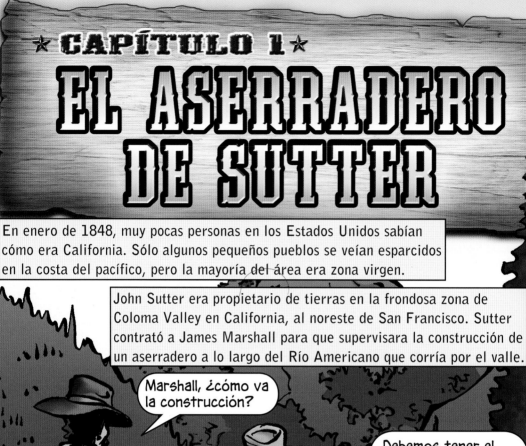

Marshall, ¿cómo va la construcción?

Debemos tener el saetín excavado muy pronto, Sr. Sutter.

Marshall puso a prueba su hallazgo.

Es suave, pero no se rompe. ¡Creo que he encontrado oro!

Emocionado, Marshall regresó a comunicarles a los trabajadores su descubrimiento.

Muchachos, creo que he encontrado una mina de oro.

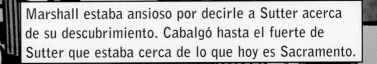

¡Señor Sutter!

¿Qué es tan importante que viniste hasta acá para verme?

Tenemos que hablar...

... ¡a solas!

Por supuesto.

Marshall llevó a Sutter al aserradero y le enseñó el lugar donde había hecho el descubrimiento.

Está por todos lados.

Los hombres también lo han encontrado en el río.

Sutter reunió a todos los hombres que trabajaban en el aserradero.

Mantengan este descubrimiento en secreto durante seis semanas.

Si la noticia se divulga va a provocar un revuelo, y no quiero que nada detenga la construcción del aserradero.

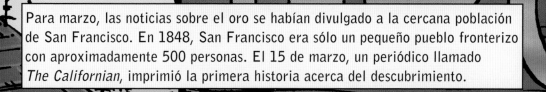

Para marzo, las noticias sobre el oro se habían divulgado a la cercana población de San Francisco. En 1848, San Francisco era sólo un pequeño pueblo fronterizo con aproximadamente 500 personas. El 15 de marzo, un periódico llamado *The Californian*, imprimió la primera historia acerca del descubrimiento.

¿Qué tal, eh? Oro, ¡y prácticamente en nuestro patio trasero!

Ya he escuchado eso con anterioridad. ¿Acaso crees que sea verdad en esta ocasión?

Ya está. Voy a cerrar la tienda y a buscar mi fortuna.

En breve, San Francisco estaba casi desierto.
CLOSED
Mientras los pueblos y ciudades cercanos se vaciaban, Coloma Valley empezó a llenarse. La gente empezó a atribuirse pedazos de tierra para extraer, esperando encontrar oro.
Apúrate. ¡Tenemos que encontrar la parte que nos corresponde antes de que se acabe!

Mi aserradero está arruinado. Y ahora esto.

¡Los mineros se están robando mi ganado y pisoteando mis cultivos!

Sutter pronto se vio completamente endeudado. Su hijo, John, se enteró de los problemas y vendió la tierra de su padre.

¿Qué hiciste?

¿Qué? ¡No!

No teníamos alternativa. Estás en la ruina.

¡Esta era mi tierra!

Si tan solo hubieras buscado oro tú mismo.

Yo soy un hombre de negocios. No un minero. ¡Este oro me ha costado todo!

CAPÍTULO 3

LOS DEL CUARENTA Y NUEVE

Las noticias sobre el oro en California se dispersaron con rapidez, y gente de todas partes del mundo se dirigieron hacia California.

Algunas personas del este de los Estados Unidos decidieron viajar a California por barco. Tenían que navegar alrededor de Sudamérica. Este viaje les llevaba casi medio año, pero la gente pensaba que viajar por mar era más seguro que viajar por tierra.

¡La comida está podrida, y el agua no es adecuada para beber!

Me he sentido mareado desde que zarpamos.

Dejen de quejarse. El oro hará que todo valga la pena.

Conforme se acercaban a las Montañas Rocosas, el viaje se volvía más difícil. La poca cantidad de pasto para comer y los caminos en tan mal estado, causaron estragos en los bueyes. Los viajeros también estaban preocupados de ser atacados.

Mantengan los ojos bien abiertos.

Estamos en territorio indio.

Después de cruzar el Desierto Great Basin, tenían un último obstáculo, las montañas de la Sierra Nevada.

Hijo, sólo imagínatelo...

... todo ese oro está esperándonos al otro lado de esas montañas.

19

En 1849, casi 100,000 personas de todas partes del mundo viajaron a California. Estas personas fueron llamadas "los del cuarenta y nueve" debido a que llegaron en 1849 en busca del oro.

NORTEAMÉRICA

NUEVA YORK

SAN FRANCISCO

CALIFORNIA

MISSOURI

OCÉANO ATLÁNICO

PANAMÁ

SUDAMÉRICA

OCÉANO PACÍFICO

CABO HORN

Clave

✳ Ciudad

● Puntos de inicio

➤ Rutas

CAPÍTULO 4
EN BUSCA DEL ORO

La vida para los del cuarenta y nueve no fue fácil. La mayoría de los campos de extracción estaban sucios y destartalados. Con frecuencia, la comida era escasa y cara. Los mineros trabajaban largas horas sólo para encontrar pequeñas cantidades de oro.

Algunas personas han estado aquí un mes y no han encontrado más que sólo unas cuantas onzas de oro.

Aquí hay oro. Espera y verás.

¡Yo lo encontraré!

Entre los primeros mineros, la forma más popular de buscar oro era con una cazuela.

Sólo levanta un poco de grava y agua y muévelas en círculo.

El oro se irá al fondo.

¡Mira, aquí hay un par de hojuelas!

En poco tiempo, los mineros encontraron mejores formas de buscar oro. Construyeron una herramienta llamada criba, misma que llenaban con tierra y agua. Mecían la criba hacia adelante y hacia atrás para separar el oro de la tierra.

Esta criba vale lo que pagamos por ella.

Separa mucha más tierra en un día que las cazuelas.

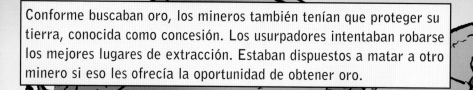

Conforme buscaban oro, los mineros también tenían que proteger su tierra, conocida como concesión. Los usurpadores intentaban robarse los mejores lugares de extracción. Estaban dispuestos a matar a otro minero si eso les ofrecía la oportunidad de obtener oro.

¡Apártate o **dispararé!**

¡Lo dice en serio!

¡Anoche le disparó a dos hombres por acercarse demasiado!

Esto se está poniendo muy peligroso.

Más vale que nos vayamos de aquí.

Y el oro está escaseando.

Pueblos nuevos empezaron a surgir por toda la región. Uno de los más grandes, Sacramento, creció alrededor del fuerte de Sutter.

Muchos de los que obtuvieron ganancias con la fiebre del oro ni siquiera buscaban oro. Los comerciantes vendían provisiones a precios altos a los desesperados mineros.

Debe estar bromeando, ¡¿ocho dólares por una cazuela!?

Una buena cazuela es difícil de encontrar. Un buen golpe de suerte y pagará por sí misma.

Creo que estamos en el negocio equivocado.

En 1849, con $8 se podía comprar el equivalente a $200 de hoy en día.

Al poco tiempo, encontrar oro se volvió más difícil. Grandes compañías mineras empezaron a buscar oro en el subsuelo. Contrataron hombres para que excavaran pozos y buscar oro. Los mineros pasaban días enteros en túneles oscuros, en busca de un destello de oro.

¿Qué hora es?

Quién sabe. Ya nunca vemos la luz del sol.

En pocos años, la mayoría de los mineros se dieron cuenta de que no se iban a volver ricos. Lentamente, abandonaron el área, regresaron a casa o fueron en busca de fortuna a otros lados.

¿Dijiste que encontraron oro y plata en Colorado?

Sí, cerca del Pico de Pike.

Allí es donde encontraremos riqueza.

¡Me late que sí!

Mientras tanto, los negocios de John Sutter estaban arruinados. En 1857, escribió un artículo para la revista *Hutchings' California Magazine* donde contó su perdición.

Debido a este repentino descubrimiento de oro, todos mis planes fueron destruidos... En vez de ser rico, estoy arruinado.

La fiebre del oro cambió el área para siempre. De repente, todo el mundo sabía en dónde estaba California. En 1850, se convirtió en el estado 31.

Después de terminar la fiebre del oro, el nuevo estado continuó creciendo. San Francisco creció y se convirtió en una gran ciudad. Hoy en día, California tiene la población más grande de los Estados Unidos.

MÁS SOBRE LA FIEBRE DEL ORO

- En enero de 1848, California aún no era parte de los Estados Unidos. Estados Unidos acababa de vencer a México en la Guerra de Intervención (1846–1848). Los dos países estaban trabajando en un tratado de paz que le daría el territorio de California a los Estados Unidos. En esa época, ninguno de los dos gobiernos sabía nada acerca del oro. California fue admitido como estado en 1850.

- Los mineros llegaron a California de todas partes del mundo. Muchos de los primeros mineros cruzaron la frontera desde México. La gente navegó desde China en busca del oro. Incluso gente desde Europa vino a California en busca de oro.

- Aproximadamente una de cada 10 personas que tomó la ruta por tierra hacia California murió en el trayecto. El cólera era una de las causas más comunes de muerte. Los viajeros contraían el cólera al beber agua contaminada.

- Una mujer llamada Margaret Frink hizo una fortuna durante la fiebre del oro. Pero ella ni siquiera buscó oro. Cocinó y vendió comida a los hambrientos mineros. Dijo que vendió $18,000 en pasteles. Esa cantidad sería el equivalente a casi $400,000, hoy en día.

- Cuando la fiebre del oro empezó, San Francisco tenía apenas 500 habitantes. Al principio, mucha gente abandonó el pueblo en busca de fortuna. Pero el pueblo no estuvo desierto durante mucho tiempo. Para 1849, tanta gente había llegado al área que más de 20,000 personas se mudaron a San Francisco.

- El descubrimiento del oro fue tan importante para el desarrollo de California, que hoy en día es conocido como el Estado Dorado.

- Durante la fiebre del oro, dos hombres, Henry Wells y William Fargo, decidieron fundar un banco para los mineros. Hoy en día, Wells Fargo es una de las compañías bancarias más grandes del mundo.

- En 1853, las compañías mineras empezaron a utilizar la extracción hidráulica. Este destructivo método de extracción utilizaba poderosos chorros de agua para romper la tierra. Los chorros eran tan poderosos que podían matar a una persona a 200 pies (61 metros) de distancia. Treinta años más tarde, la extracción hidráulica fue prohibida.

- Muchos pequeños pueblos surgieron conforme los del cuarenta y nueve se precipitaron a California. Después de que la fiebre del oro terminara, muchos de estos pueblos fueron abandonados. Se convirtieron en pueblos fantasmas. Hoy en día, algunos de esos pueblos aún están en pie.

GLOSARIO

el aserradero—un lugar en donde la gente utiliza maquinaria para cortar troncos en tablas

el cólera—un padecimiento que causa grave enfermedad y diarrea; la causa principal del cólera durante la fiebre del oro fue el agua contaminada.

la malaria—una enfermedad tropical que la gente contrae a causa de las picaduras de mosquito; los síntomas incluyen escalofríos, fiebre y sudor.

el saetín—canal angosto que permite llevar el agua de un río a un molino

el usurpador—una persona que roba la tierra que le pertenece a alguien más

SITIOS DE INTERNET

FactHound proporciona una manera divertida y segura de encontrar sitios de Internet relacionados con este libro. Nuestro personal ha investigado todos los sitios de FactHound. Es posible que los sitios no estén en español.

Se hace así:

1. Visita *www.facthound.com*

2. Elige tu grado escolar.

3. Introduce este código especial **0736866124** para ver sitios apropiados según tu edad, o usa una palabra relacionada con este libro para hacer una búsqueda general.

4. Haz clic en el botón **Fetch It**.

¡FactHound buscará los mejores sitios para ti!

LEER MÁS

Blashfield, Jean F. *The California Gold Rush.* We the People. Minneapolis: Compass Point Books, 2001.

Crewe, Sabrina, and Michael V. Uschan. *The California Gold Rush.* Events That Shaped America. Milwaukee: Gareth Stevens, 2003.

Gregory, Kristiana. *Seeds of Hope: The Gold Rush Diary of Susanna Fairchild, California Territory, 1849.* Dear America. New York: Scholastic, 2001.

Hayhurst, Chris. *John Sutter: California Pioneer.* Primary Sources of Famous People in American History. New York: Rosen, 2004.

BIBLIOGRAFÍA

All about the Gold Rush
http://www.isu.edu/~trinmich/allabout.html.

Boessenecker, John. *Gold Dust and Gunsmoke: Tales of Gold Rush Outlaws, Gunfighters, Lawmen, and Vigilantes.* New York: John Wiley, 1999.

Brands, H. W. *The Age of Gold: The California Gold Rush and the New American Dream.* New York: Doubleday, 2002.

Rau, Margaret. *The Wells Fargo Book of the Gold Rush.* New York: Atheneum, 2001.

ÍNDICE